SITZUNGSBERICHTE DER DEUTSCHEN AKADEMIE
DER WISSENSCHAFTEN ZU BERLIN

Klasse für Philosophie, Geschichte, Staats-, Rechts- und Wirtschaftswissenschaften

Jahrgang 1968 • Nr. 7

HERBERT HÖRZ

ERGEBNISSE UND AUFGABEN EINER MARXISTISCHEN THEORIE DES OBJEKTIVEN GESETZES

AKADEMIE-VERLAG • BERLIN

1968

Vortrag gehalten in der Sitzung der Klasse für Philosophie,
Geschichte, Staats-, Rechts- und Wirtschaftswissenschaften vom 21. 3. 1968
Zum Druck genehmigt am 4. 4. 1968, ausgegeben am 6. 6. 1968

Erschienen im Akademie-Verlag GmbH, 108 Berlin, Leipziger Straße 3–4

Lizenznummer: 202 · 100/244/68
Herstellung: IV/2/14 VEB Werkdruck, 445 Gräfenhainichen · 3015
Bestellnummer: 2010/68/VI/7 · ES 3 B 2
3,–

Der Begriff des Gesetzes nimmt einen zentralen Platz im dialektischen Determinismus, der Theorie von der Bedingtheit und Bestimmtheit der Objekte und Prozesse im Gesamtzusammenhang, ein. Er hat große Bedeutung für die Ausarbeitung unseres materialistischen Standpunktes zu den modernen wissenschaftlichen Erkenntnissen. Die marxistische Auffassung vom objektiven Gesetz hat sich ständig weiterentwickelt. Ausgehend von der gesellschaftlichen Entwicklung und neuen wissenschaftlichen Einsichten wurden neue Aspekte in der Theorie vom objektiven Gesetz ausgearbeitet. So beschäftigten sich die Klassiker des Marxismus-Leninismus vor allem mit der Existenz objektiver Gesetze in der Gesellschaft, mit der bedingten Gültigkeit von Gesetzen und ihrem historischen Charakter, mit dem Verhältnis von Gesetzmäßigkeit und Freiheit und mit dem Zufall als der Erscheinungsform des Gesetzes. Waren bei ihnen Gesetz, Notwendigkeit und Kausalität noch nicht direkt voneinander begrifflich geschieden, so mußte in der ersten Hälfte unseres Jahrhunderts vor allem das Verhältnis von Kausalität und Gesetz präzisiert und die Rolle des Zufalls untersucht werden. Das führte zur Differenzierung der Bedingungen für die Existenz eines Gesetzes und zur Ausarbeitung verschiedener Typen von Gesetzen, vor allem der dynamischen und statistischen Gesetze. Obwohl heute diese genannten Beziehungen weiter ausgearbeitet werden müssen, tritt in den Vordergrund wissenschaftlichen Interesses immer mehr das Verhältnis von objektiven Gesetzen und menschlichen Handlungen. Die theoretische Klärung des Verhältnisses der objektiven Gesetze und der menschlichen Handlungen im Sozialismus ist erforderlich, da die gesellschaftlichen Verhältnisse hier bewußt gestaltet werden. Auch erfordert die Entwicklung der Kybernetik, der Operationsforschung, der Entscheidungstheorie usw., die Beziehung zwischen System und Gesetz zu bestimmen.

Um einen Ausgangspunkt für die Behandlung einiger moderner Probleme der marxistischen Theorie vom objektiven Gesetz zu erhalten, sollen zuerst einige Ergebnisse zusammmengestellt werden, über die sicher auch noch diskutiert werden kann. Danach möchte ich zwei Probleme herausgreifen, nämlich die Dialektik von Subjekt und Objekt in ihrer Beziehung zum objektiven Gesetz und das Verhältnis von System und objektivem Gesetz, die Anlaß zur Diskussion sein könnten. Zum Schluß werden dann einige Aufgaben formuliert, die von der marxistisch-leninistischen Philosophie noch zu lösen sind.

1.0. Ergebnisse einer marxistischen Theorie vom objektiven Gesetz

Wenn wir von Ergebnissen einer marxistischen Theorie vom objektiven Gesetz sprechen, so sind darunter vor allem die Feststellungen zu verstehen, die von den Klassikern des Marxismus-Leninismus bereits gemacht wurden und die heute Anerkennung unter den marxistischen Philosophen gefunden haben. Hinzu kommen Präzisierungen dieser Auffassungen, die durch die weitere gesellschaftliche und wissenschaftliche Entwicklung erforderlich wurden. Bei der Durchsicht marxistischer Literatur zum Gesetzesbegriff fällt auf, daß immer wieder Diskussionen um gelöste Probleme geführt werden, weil Lösungen nicht bekannt sind oder nicht akzeptiert werden. Die geäußerten Auffassungen könnten in zwei Gruppen geteilt werden. Die erste Gruppe behandelt das Naturgesetz in bestimmten Beziehungen zur Gesellschaft. Die zweite Gruppe schreibt über das gesellschaftliche Gesetz und hebt den Unterschied zum Naturgesetz hervor.[1]

Diese Bemerkung kann zugleich als Entschuldigung dienen, daß wir bei der Darlegung von Ergebnissen der Gesetzestheorie nicht auf alle abweichenden Meinungen eingehen können. Vielleicht ist es an der Zeit, auf internationalen philosophischen Kongressen von marxistischen Philosophen eine Nomenklaturkommission zu bilden, die die Bedeutung wichtiger philosophischer Begriffe festgelegt, was einen gewissen einheitlichen Sprachgebrauch zuließe und die Kritik an festgelegten Bedeutungen nicht ausschlösse.

1.1. Was ist ein objektives Gesetz?

Übereinstimmung herrscht unter den marxistischen Philosophen darüber, daß objektive Gesetze existieren, sowohl in der Natur als auch in der Gesellschaft. Dabei wird ein objektives Gesetz als ein allgemein-notwendiger, d. h.

[1] Auch in seiner sonst verdienstvollen Arbeit „Gesetzmäßigkeit und Gesellschaft" (Berlin 1967) hat P. Bollhagen viele Arbeiten über das Verhältnis von dynamischen und statistischen Gesetzen nicht berücksichtigt.

reproduzierbarer und wesentlicher, d. h. den Charakter einer Erscheinung bestimmender Zusammenhang gefaßt. Diese objektiven Gesetze werden von uns untersucht und erkannt und in Gesetzesaussagen formuliert, wobei wir von der Formulierung als von einem Gesetz sprechen. Die Unterscheidung zwischen Gesetzesformulierung und objektivem Gesetz ist auch nur dann erforderlich, wenn es sich um die Erkenntnis der Gesetze und dabei zu lösende Probleme handelt, etwa um die nicht adäquate Erfassung des objektiven Gesetzes in der Formulierung, also um das Verhältnis von relativer und absoluter Wahrheit.

Dabei zeigt sich schon, daß es unmöglich ist, aus einem einmaligen Ereignis das Gesetz oder die Gesetze einer Erscheinung zu bestimmen. Gesetzeserkenntnis verlangt Variationen des Ereignisses unter verschiedenen Bedingungen, um das hervorheben zu können, was in diesem Ereignis reproduzierbar ist. Das ist für die Naturwissenschaften relativ einfach durch Variationen von Bedingungen in den Laborexperimenten zu erreichen. Aber schon bei der Erforschung der menschlichen Konstitution ergeben sich jedoch gewisse Schwierigkeiten. Deshalb werden hier Verfahren entwickelt, die einen indirekten Schluß auf die Gesetze zulassen. So sind Tierversuche, mittels deren man auf menschliche Verhaltensweisen schließt und Modelle konstruiert, ein solches Verfahren für indirekte Schlüsse.

Auch in den Gesellschaftswissenschaften kann die Gesetzeserkenntnis nicht durch Variation in Experimenten erfolgen. Deshalb war die Wiederholbarkeit gesellschaftlicher Ereignisse als Grundlage der Existenz von Gesetzen lange umstritten. Es war ein wissenschaftliches Verdienst von Marx, mit den Produktionsverhältnissen ein Kriterium angegeben zu haben, nach dem gesellschaftliche Erscheinungen auf ihre Wiederholbarkeit hin überprüft werden können. Unbedingt erforderlich ist jedoch in diesem Zusammenhang die Analyse des Verhältnisses von Gesetz und Zufall, auf das wir später noch einmal kurz eingehen werden. Es ist auch zu beachten, daß nicht jedes notwendige Ereignis reproduzierbar ist. Der Begriff „Notwendigkeit" wird in zweifacher Hinsicht gebraucht:

Erstens bedeutet er „auf Grund der Gesamtheit der Bedingungen bestimmt" bei Ereignissen, die schon eingetreten sind. Damit ist jedoch das Ereignis auch in allen seinen Besonderheiten notwendig. Für die Analyse von Ereignissen ist es jedoch wichtig, die Seiten hervorzuheben, die ihren Charakter bestimmen: Das wird im Gesetz getan. Deshalb haben wir es

Zweitens: mit der allgemeinen Notwendigkeit zu tun. Allgemein-notwendig heißt reproduzierbar unter gleichen wesentlichen Bedingungen. In das Gesetz geht nun die zweite Art der Notwendigkeit ein, da sie Aussagen über die Zukunft gestattet.

Für Ereignisse, deren Verhalten nicht wesentlich durch ein Gesetz bestimmt ist – und darum handelt es sich in der Gesellschaft meistens –, gebraucht man oft den Ausdruck, daß sie gesetzmäßig sind. Damit wird nur ausgesagt, daß diese Ereignisse durch einen Komplex verschiedener Gesetze bestimmt sind. Es wird damit noch nicht behauptet, daß sie notwendig in einer bestimmten Art und Weise und zu einem bestimmten Zeitpunkt eintreten mußten. Deshalb kann der Ausdruck „gesetzmäßig bestimmtes Ereignis" sowohl Zusammenfassung unserer Erkenntnisse über die in diesem Ereignis existierenden Gesetze und die sich durchsetzende Tendenz sein, als auch das nicht vorhandene Wissen über den Mechanismus des Ereignisses konstatieren und die Überzeugung ausdrücken, daß Gesetze existieren. Man sollte deshalb bei der Verwendung des Terminus „gesetzmäßiges Ereignis" stets hinzufügen, was man über das Ereignis weiß.

1.2. Gesetz und Kausalität

In der Auseinandersetzung mit dem mechanischen Materialismus und bei der Ausarbeitung verschiedener Typen von Gesetzen gewinnt die Unterscheidung zwischen Kausalität und Gesetz an Bedeutung. Unter Kausalität verstehen wir die fundamentale, direkte und konkrete Vermittlung des Zusammenhangs zwischen Prozessen und Ereignissen, wobei ein Prozeß (Ursache) die Veränderungen des anderen (Wirkung) hervorbringt. Vergleichen wir nun die Kausalität, besser das Kausalverhältnis mit dem Gesetz, so können wir zuerst hervorheben, daß ein Gesetz immer auf der Grundlage eines Komplexes von Kausalbeziehungen existiert. An anderer Stelle habe ich ausführlich dieses Verhältnis behandelt[2], weshalb ich hier nur die wesentlichen Unterschiede zwischen Kausalität und Gesetz hervorheben möchte: Erstens ist Kausalität die konkrete (undifferenziert nach wesentlich und unwesentlich, notwendig und zufällig) Vermittlung des Zusammenhangs, während das Gesetz nur bestimmte Seiten eines Ereignisses, die es mit anderen gemeinsam hat, enthält. Zweitens verbindet die Kausalität relativ elementare Vorgänge und Prozesse, während das Gesetz allgemeinnotwendige Zusammenhänge verschiedener Prozesse darstellt. Die Kausalforschung führt uns deshalb auf die Gesetze, ohne daß wir die Kausalbeziehungen eines Ereignisses jemals vollständig erkennen können. Die Forderung nach ihrer vollständigen Erkenntnis würde sogar, wie Engels schon betonte, die Wissenschaft zur Spielerei

[2] H. Hörz, Zum Verhältnis von Kausalität und Determinismus, in: DZfPh, H. 2/1963, S. 151ff.; H. Hörz, Der dialektische Determinismus in Natur und Gesellschaft, Berlin 1966.

werden lassen. Drittens ist jede Kausalbeziehung asymmetrisch, zeitlich gerichtet und unterscheidet damit Vergangenheit und Zukunft. Ein eingetretenes Ereignis ist kausal nicht mehr so beeinflußbar, daß es seine Struktur verändert. Es kann jedoch auf seine allgemein-notwendigen und wesentlichen Merkmale hin analysiert werden, um sein Eintreten in der Zukunft beschleunigen oder verhindern zu können oder um seine Struktur in der Zukunft zu verändern. Das Gesetz stellt also den Zusammenhang zwischen Gegenwart und Zukunft her, hebt das für Gegenwart und Zukunft Gültige, das Reproduzierbare hervor. Viertens kann eine Kausalbeziehung erst in einem System von Kausalbeziehungen wesentlich oder unwesentlich, notwendig oder zufällig sein. Das Gesetz hebt wesentliche und notwendige Seiten hervor.

Die hier genannten wesentlichen Unterscheidungsmerkmale zwischen Kausalbeziehungen und dem Gesetz helfen bei der Überwindung der oft noch vorhandenen Verwirrung in der Terminologie. Man spricht von Kausalforschung und meint Gesetzesfindung, man setzt Kausalität und Gesetz gleich oder definiert die Kausalbeziehung als notwendiges Hervorbringen der Wirkung durch die Ursache, ohne sich Klarheit darüber zu verschaffen, daß man damit mechanisch-materialistische Standpunkte vertritt. Oft wird auch noch von Kausalgesetzen gesprochen. Das Kausalgesetz besagt jedoch nur, daß alles in der Welt kausal bedingt ist. Es gibt keine Auskunft über die Art und Weise der Bedingtheit. Der Unterschied zwischen Kausalität und Gesetz wird nicht beachtet, wenn man von Kausalgesetzen als einem Typ von Gesetzen spricht. Bollhagen hat zweifellos recht, wenn er gegen die Auffassung polemisiert, alle gesellschaftlichen Gesetze seien Kausalgesetze, überwindet den mechanisch-materialistischen Standpunkt jedoch nicht konsequent, wenn er das Kausalgesetz als einfachste Form des gesellschaftlichen Gesetzes bezeichnet. Er schreibt: „Jede einzelne Kausalbeziehung zwischen zwei gesellschaftlichen Erscheinungen ist daher zwar eindeutig, aber zugleich beschränkt, während ihr gesetzmäßiger Inhalt, d. h. das ihnen zugrunde liegende Kausalgesetz, gerade dadurch nicht eindeutig, vieldeutig ist und sich in die bloße Wechselwirkung auflöst, die bekanntlich nicht in der Lage ist, das Wesen der historischen Erscheinungen zu erklären, sondern für sich genommen leer und inhaltlos bleibt. Das läßt sich sehr gut an dem Kausalgesetz sehen, das an der Oberfläche der Warenproduktion die unmittelbaren Beziehungen zwischen den Warenproduzenten regelt. Dieses Gesetz ist das Gesetz von Angebot und Nachfrage. Es vermag zwar die Einzelhandlungen der Warenproduzenten kausal zu erklären, löst aber den gesellschaftlichen Zusammenhang zwischen der Gesamtheit der Handlungen in bloße Wechselwirkung auf und bleibt bei dieser stehen, da sie nicht zum Wesen des Wertgesetzes vorzudringen vermag."[3] Ich bestreite, daß mit dem Gesetz von Angebot und Nachfrage schon die Einzelhandlungen der Warenproduzenten kausal erklärt sind. Die kausale Erklärung der Einzelhandlungen der Warenproduzenten ist keine Aufgabe der Ökonomie. Das würde die Berücksichtigung einer Vielzahl von Faktoren erfordern, von der Marktlage ausgehend, über die Lage im Betrieb, die finanziellen Möglichkeiten usw. bis hin zur von der Tradition und der Umgebung beeinflußten Entscheidung. Das Gesetz von Angebot und Nachfrage kann uns nur über Tendenzen des Verhaltens informieren, aber nicht über das Einzelverhalten in seiner kausalen Bestimmtheit. Hinzu kommt, daß Bollhagen mit seinen Bemerkungen über die Vieldeutigkeit und die Wechselwirkung seine Bezeichnung ‚Kausalgesetz' selbst ad absurdum führt. Ein Kausalgesetz müßte ja gerade die hervorbringende Ursache und die hervorgebrachte Wirkung charakterisieren. Es bestätigt sich hier das, was wir vorher schon betonten, jedes Gesetz existiert auf der Grundlage eines Komplexes von Kausalbeziehungen, die in dem von Bollhagen genannten Beispiel in den Handlungen der Warenproduzenten bestehen.

Man könnte nun meinen, daß mit dem Terminus ‚Kausalgesetz' auch nichts anderes ausgedrückt werden sollte als die Existenz der Gesetze auf der Grundlage von Kausalbeziehungen. Dann wären jedoch alle Gesetze Kausalgesetze und die Hervorhebung dieses Gesetzestyps gegenüber anderen müßte fallen. Der Ausdruck ‚Kausalgesetz' wird jedoch gerade zur Klassifizierung der Gesetze genutzt. Im Lehrbuch der marxistischen Philosophie heißt es dazu: „Unter einem Gesetz kausalen Typs verstehen wir ein Gesetz, dessen Wesen darin besteht, ein notwendiger und alllgemeiner Zusammenhang zwischen einer Ursache und der Wirkung derselben zu sein. In der Physik haben Gesetze solchen Typs vornehmlich die Form von Differentialgleichungen, in denen Differentialquotienten nach der Zeit auftreten. Im gesellschaftlichen Bereich ist ein solches Gesetz z. B. der vom historischen Materialismus aufgedeckte Zusammenhang zwischen dem gesellschaftlichen Sein und dem gesellschaftlichen Bewußtsein, daß nämlich das gesellschaftliche Sein das gesellschaftliche Bewußtsein bestimmt, also die letztliche Ursache für den Entwicklungsstand des gesellschaftlichen Bewußtseins ist. (Wobei diese kausale Abhängigkeit selbstverständlich nicht im Sinne einer linearen Kausalkette oder des mechanischen Determinismus, sondern nur unter Beachtung aller dialektischer Besonderheiten, des Wechselverhältnisses von Notwendigkeit und Zufall, der Eigengesetzlichkeit der Entwicklung des Bewußtseins usw. verstanden werden darf.) Kausale Gesetze spielen in allen Wissenschaften eine große Rolle. Sie bilden die Grundlage für die Methode der kausalen Erklärung

[3] P. Bollhagen, Gesetzmäßigkeit und Gesellschaft, S. 77.

der Vorgänge in der Natur, der Gesellschaft und des Denkens."[4] Das ganze Zitat ist, wie durch die Postulierung eines Kausalgesetzes als eines Gesetzestyps nicht anders zu erwarten, widersprüchlich. Das Verhältnis zwischen gesellschaftlichem Sein und gesellschaftlichem Bewußtsein wird nach der Bestimmung des Kausalgesetzes als Ursache-Wirkungs-Verhältnis betrachtet, wobei nach der Definition das gesellschaftliche Bewußtsein die Wirkung des gesellschaftlichen Seins ist. Gerade diese Bestimmung in ihrer Einseitigkeit wird danach wieder aufgehoben, da ja die Eigengesetzlichkeit der Entwicklung des Bewußtseins berücksichtigt werden soll. Eine kausale Erklärung verlangt die Aufdeckung von Ursache-Wirkungs-Verhältnissen. Wenden wir dieses Gesetz nun auf den Einzelfall an, so wird das Bewußtsein des einzelnen Menschen ursächlich nicht allein durch das gesellschaftliche Sein bestimmt. Aber das Einzelbewußtsein ist Bestandteil des gesellschaftlichen Bewußtseins, für eine kausale Erklärung muß es sogar notwendig mit untersucht werden, um kausale Aussagen über das gesellschaftliche Bewußtsein machen zu können. Im Gesetz wird also wiederum eine allgemein-notwendige und wesentliche Beziehung zwischen gesellschaftlichem Sein und gesellschaftlichem Bewußtsein ausgedrückt, die auf der Grundlage eines Komplexes von Kausalbeziehungen existiert, aber selbst keine Kausalbeziehung, auch keine dialektisch verstandene, ist, sondern eben ein Gesetz.

Auch für die Naturgesetze stimmt die angeführte Behauptung nicht. Schon die Formulierung von Gleichungen gibt uns funktionelle Abhängigkeiten, die die für die Kausalität wesentliche Asymmetrie des konkreten Vorgangs dadurch aufheben, das das Gesetz keine Ablaufrichtung des Vorgangs vorschreibt. Man könnte hier ein anderes philosophisches Problem diskutieren: Gibt es Gesetze, die asymmetrisches Verhalten erfassen? Ein Beispiel dafür wäre der Entropiesatz oder die Expansion des Weltalls. Aber das würde zu weit führen und keine Argumente gegen die Trennung von Kausalität und Gesetz liefern.[5] Trotz der prinzipiell anerkannten notwendigen Trennung zwischen Kausalität und Gesetz wird sie durch die Anerkennung von Kausalgesetzen wieder aufgehoben, ohne daß man sich oft Gedanken über die theoretischen Konsequenzen macht, die zum mechanischen Materialismus führen können.

Wesentlich für die Anerkennung von Kausalgesetzen ist das mechanisch-materialistische Modell des Weltaufbaus, das es gestattet, jedes Ereignis

[4] Marxistische Philosophie. Lehrbuch, Berlin 1967, S. 303.

[5] H. Hörz, Symmetrie, Gesetz und Wechselwirkung, in: Wiss. Ztschr. d. Humboldt-Univ., Math.-Naturwiss. Reihe 4/5 (1965) S. 568ff.

in elementare Kausalkomponenten zu zerlegen, sie zu erforschen und damit das Ereignis kausal zu erklären. Dieses Modell bringt ein nicht realisierbares Erkenntnisideal zum Ausdruck, das bereits Engels kritisierte. Wir fordern nicht die (nicht durchführbare) Reduktion des Ereignisses auf seine Elementarreaktionen und die Beschreibung derselben, sondern den Vergleich des Ereignisses mit anderen und die Entdeckung der in ihnen existierenden Gesetze.

1.3. Dynamische und statistische Gesetze

Von den verschiedenen Typen von Gesetzen wurden besonders die dynamischen und statistischen Gesetze in der philosophischen Literatur untersucht. Dabei geht es nicht um die physikalische oder mathematische Form dieser Gesetze, sondern um ihre philosophische Formulierung. Ein dynamisches Gesetz gibt eine Möglichkeit für das Verhalten eines Objekts an, die notwendig verwirklicht werden muß. Gegenüber dem dynamischen Gesetz sind alle konkreten Vorgänge Zufälle, wobei der Zufall die Erscheinungsform der Notwendigkeit oder des Gesetzes ist. Mit dem statistischen Gesetz wird die Dialektik von Notwendigkeit und Zufall präzisiert. Sie tritt uns jetzt im Gesetz selbst entgegen. Ein statistisches Gesetz gibt eine Möglichkeit für das Verhalten eines Systems und eine untereinander verbundene Vielzahl von Möglichkeiten für das Verhalten der Elemente dieses Systems. Während die Systemmöglichkeit notwendig durch das Verhalten der Systemelemente verwirklicht werden muß, werden die Möglichkeiten der Elemente zufällig verwirklicht. In ihrer höchsten Form als quantitativ bestimmte statistische Gesetze wird im Gesetz eine Wahrscheinlichkeit für das zufällige Verwirklichen einer bestimmten Möglichkeit angegeben. Es ist jedoch auch möglich, verschiedene Möglichkeiten dadurch zu bestimmen, daß für sie angegeben wird, ob sie sehr, gleich oder wenig wahrscheinlich sind. Das ist eine qualitative Bestimmung des statistischen Gesetzes. Liegt diese auch noch nicht vor – es besteht aber die Ansicht, daß solche Möglichkeitsgruppen angegeben werden können –, dann kann man von potentiellen statistischen Gesetzen sprechen, wie ich sie an anderer Stelle genannt habe.[6] Danach muß exakt überprüft werden, ob ein dynamisches Gesetz nicht zugleich ein potentiell statistisches Gesetz ist.

Ein Beispiel für ein quantitativ bestimmtes statistisches Gesetz ist die Schrödingergleichung in der Quantenmechanik, die für das Auftreffen von Elementarteilchen auf einen bestimmten Ort eines Leuchtschirms eine

[6] H. Hörz, Die Rolle statistischer Gesetze in den Gesellschaftswissenschaften und ihre Bedeutung für die Prognose, in: DZfPh, H. 3/1968.

Wahrscheinlichkeit angibt. Formulierte qualitative statistische Gesetze und potentielle statistische Gesetze gibt es sicher in vielen Wissenschaften. Sie sind jedoch von der marxistischen Philosophie unter diesem Aspekt noch nicht analysiert worden.

1.4. Gesetz und Bedingungen

Während die Klassiker schon auf die Bedeutung der Bedingungen für die Existenz von Gesetzen hingewiesen haben, ist heute eine Differenzierung dieser Bedingungen eines Gesetzes erforderlich.[7] Wenn wir die Gesamtheit der notwendigen und hinreichenden Bedingungen für die Existenz eines Gesetzes seine Wirkungsbedingungen nennen, so kann man zwischen den notwendigen nicht-spezifischen Wirkungsbedingungen, den spezifischen Wirkungsbedingungen verschiedener Ordnung und den Begleitbedingungen unterscheiden. Die nicht-spezifischen Wirkungsbedingungen geben die Voraussetzung für die Existenz eines Gesetzes. Die Entwicklung der menschlichen Gesellschaft bestimmt als eine allgemeine Bedingung noch kein spezifisches gesellschaftliches Gesetz. Dazu ist eine bestimmte Art und Weise der Produktion usw. erforderlich, wodurch dann die im Gesetz enthaltene allgemein-notwendige und wesentliche Beziehung sich ergibt. Für das Galileische Fallgesetz hat die Existenz der Erde und anderer makrophysikalischer Objekte den Charakter von nicht-spezifischen Wirkungsbedingungen. Durch Verwitterung oder Krafteinwirkung fallen nun bestimmte Körper im angenäherten Vakuum nach dem Galileischen Fallgesetz. Diese spezifischen Bedingungen ergeben in der Einheit mit den nicht-spezifischen Bedingungen erst das Fallgesetz. Es gibt jedoch innerhalb des vom Gesetz angegebenen Rahmens für das Verhalten der Objekte verschiedene Beziehungen. So kann das Objekt aus 10 m oder aus 20 m Höhe fallen, wofür bestimmte Bedingungen entscheidend sind. Diese Unterschiede spielen im Gesetz keine Rolle, aber beim konkreten Fall und damit bei der Konkretisierung des Gesetzes. Man kann diese Bedingungen, die Unterschiede in den wesentlichen Parametern hervorrufen, spezifische Wirkungsbedingungen zweiter Ordnung nennen. Die Begleitbedingungen sind nun für die Schwankungen um die im Gesetz zum Ausdruck gebrachte Tendenz verantwortlich. Beim Fallgesetz sind das die Abweichungen im freien Fall, die durch atmosphärische Störungen usw. hervorgebracht werden. Beim Wertgesetz schwanken die Preise ebenfalls um die im Gesetz zum Ausdruck gebrachte Tendenz.

[7] Vgl. G. Kröber, Das Verhältnis von Gesetz und Bedingungen, in: DZfPh, H. 10/1962, S. 121ff.; Marxistische Philosophie. Lehrbuch.

Möglicherweise ist jedoch das Wertgesetz ein potentiell statistisches Gesetz. In den statistischen Gesetzen existiert jedoch nicht mehr die einfache Gegenüberstellung von Gesetz und konkretem Fall als zufällige Verwirklichung der im Gesetz enthaltenen Tendenz. Damit kann man auch die Gesetze nicht mehr als Tendenzgesetze bezeichnen, sondern muß die spezifischen Wirkungsbedingungen zweiter und höherer Ordnung ausarbeiten.

Für die dynamischen Gesetze gibt es nur spezifische Wirkungsbedingungen erster und zweiter Ordnung, die Untergliederung gewinnt jedoch bei den statistischen Gesetzen an Bedeutung. Für das Systemverhalten sind die spezifischen Wirkungsbedingungen erster Ordnung entscheidend, für das Elementverhalten dagegen die spezifischen Wirkungsbedingungen zweiter Ordnung. Sollten die Elemente selbst wieder Systeme mit eigenen Systemgesetzen sein, so werden die spezifischen Wirkungsbedingungen zweiter Ordnung für sie zu solchen erster Ordnung. Auch eine weitere Untergliederung ist dann möglich. Diese Betrachtungsweise hat methodische Bedeutung für die Untersuchung komplizierter Systeme, wie etwa des entwickelten gesellschaftlichen Systems des Sozialismus in der DDR. Für das Gesamtsystem gelten allgemeine Gesetze, beispielsweise über das Verhältnis von Produktivkräften und Produktionsverhältnissen mit spezifischen Wirkungsbedingungen erster Ordnung. Da das Gesamtsystem aus Teilsystemen mit Systemgesetzen besteht, gehen deren spezifische Wirkungsbedingungen auch ins Gesamtsystem als solche zweiter Art ein. Es gibt nun viele Zwischenstufen, bis man zum Verhalten der Individuen kommt, in dem sich die Gesetze verschiedenen Allgemeinheitsgrades und die Wirkungsbedingungen verschiedener Ordnung kreuzen. Die Differenzierung der Bedingungen eines Gesetzes könnte uns nun möglicherweise beim Aufbau eines Gesetzessystems helfen, das uns in den verschiedenen Wissenschaften noch fehlt. Auch die Ökonomie, die große Fortschritte in der Erkenntnis ökonomischer Gesetze des Sozialismus gemacht hat, betrachtet mehr die einzelnen Gesetze als ihren Platz in einem System ökonomischer Gesetze mit ausgeprägter Hierarchie.

Im statistischen Gesetz gilt also nicht mehr nur die Tendenz des Gesetzes, die sich im Einzelfall durchsetzt, sondern für den Einzelfall, als dem Elementverhalten, ist im Gesetz schon eine Wahrscheinlichkeit qualitativ oder quantitativ enthalten, die auf Grund der Wirkungsbedingungen zweiter oder höherer Ordnung existiert.

Damit gewinnen wir auch eine präzisere Fassung dessen, was wir unter „Modifizierung der Gesetze“ verstehen. Soweit das Gesetz sich nicht selbst verändert, kann es sich nur um zwei mögliche Arten der Modifizierung von Gesetzen handeln. Erstens kann das Gesetz dadurch modifiziert werden, daß es nicht mehr einen Vorgang in seinem Verhalten allein bestimmt, sondern einen Vorgang in einem komplexen oder komplizierten System. Physikalische Prozesse im lebenden Organismus können möglicherweise nicht in allen möglichen Reaktionskanälen verlaufen. Sollte das der Fall sein, dann wird das physikalische Gesetz nicht aufgehoben, sondern durch den Organismus modifiziert, da einige der durch das Gesetz zugelassenen Reaktionen nicht erfolgen können.

Zweitens können sich die spezifischen Wirkungsbedingungen zweiter und höherer Ordnung verändern. Damit bleibt das statistische Gesetz in seiner Aussage für das System erhalten, aber die Wahrscheinlichkeitsverteilung ändert sich. Sollte z. B. das Wertgesetz als statistisches Gesetz ausgearbeitet sein, so ist die Wahrscheinlichkeitsverteilung für bestimmtes Preisverhalten auf dem Weltmarkt von der Marktlage von Angebot und Nachfrage usw. abhängig. Die Änderung dieser Bedingungen verändert nicht das Wertgesetz, modifiziert es aber dadurch, daß durch andere Bedingungen andere Wahrscheinlichkeitsverteilungen gelten.

2.0. Gesetzesbegriff und Subjekt-Objekt-Dialektik

2.1. Gesetz und menschliches Verhalten

Im folgenden Abschnitt wird ein Problem behandelt, das in seiner Vielschichtigkeit von der marxistischen Philosophie noch ungenügend untersucht ist, aber von großer Bedeutung für die Aufdeckung von objektiven Gesetzen ist. Das Verdienst der Klassiker des Marxismus-Leninismus bestand darin, den objektiven Charakter der gesellschaftlichen Gesetze nachgewiesen zu haben. Die gesellschaftlichen Gesetze sind ebenso objektiv wie die Naturgesetze. Doch die Einteilung in Natur- und gesellschaftliche Gesetze ist heute nicht mehr ausreichend. Vor allem ist das Verhältnis von objektivem Gesetz und menschlichem Handeln interessant. Offensichtlich schafft sich der Mensch in der Technik einen neuen Objektbereich, in dem objektive Gesetze existieren, die von der Wissenschaft erforscht werden müssen und nicht nur angewandte Naturgesetze sind. Wichtig wäre es auch, den Charakter mathematischer Beziehungen zu untersuchen. In gewisser Weise liefert uns die Mathematik Systeme möglicher Beziehungen, in denen völlig verschiedene objektive Systeme dargestellt werden können. Gibt es in der Mathematik selbst objektive Gesetze, die die mathematische Forschungsarbeit aufzudecken hat? In der Gesellschaft kennen wir den Wechsel von subjektiver Entscheidung zu objektiven Tatbeständen, die Ausgangspunkte weiterer Entscheidungen werden. So lassen die gesellschaftlichen, besonders die ökonomischen Gesetze einen Spielraum für menschliche Entscheidungen, die als Zustimmung zu einer der möglichen Varianten gefällt wird. Betrachten wir unter diesem Aspekt das Neue Ökonomische System in seiner konkreten Bestimmtheit für die DDR, so schaffen wir mit der Entscheidung objektive Beziehungen für das Verhalten der Menschen in den verschiedenen Bereichen des gesellschaftlichen Lebens, wobei auch neue objektive Gesetze auftreten, die wiederum Gegenstand der Wissenschaft sind. Gehen wir nun noch einen Schritt weiter, so fixieren wir auch in den juristischen Gesetzen einen objektiven Rahmen für menschliches Verhalten. In der Klassengesellschaft wird dieser Rahmen von den Interessen der herrschenden Klasse bestimmt, seine Änderung erfordert die Änderung der gesellschaftlichen Verhältnisse. Wir sehen, wie eng auch hier objektive Verhältnisse, subjektive Entscheidungen und menschliches Verhalten zusammenhängen. Im Zusammenhang damit könnte man die Frage stellen, ob sich mit dem Übergang zur sozialistischen Gesellschaftsformation auch der Charakter objektiver gesellschaftlicher Gesetze verändert? Man spricht hier auch von Modifikation der Gesetze, von dem neuen Verhältnis zwischen Spontaneität und Bewußtheit und von der bewußten Ausnutzung der Gesetze. Man weiß auch, daß in der sozialistischen Gesellschaftsordnung neue ökonomische Gesetze existieren, die Grundlage der bewußten Gestaltung der gesellschaftlichen Verhältnisse sind, wie das Gesetz von der planmäßigen proportionalen Entwicklung der Volkswirtschaft. Die planmäßige proportionale Gestaltung der Volkswirtschaft in der DDR selbst erfordert nun wieder eine Reihe von Entscheidungen, die nur auf der Grundlage von Untersuchungen über die objektiven Beziehungen möglich sind. Aber das in der Volkswirtschaft vorhandene System objektiver Gesetze gibt nur den Rahmen der Entwicklung, läßt aber mehrere Varianten zu. Die Auswahl einer der Varianten hat subjektiven Charakter, wird aber durch seine Fixierung in juristischen Gesetzen zum objektiven Maßstab, an dem die Handlungen der Menschen gemessen werden.

Die Darstellung dieser Problematik zeigt schon, wie notwendig es ist, die Dialektik von Subjektivem und Objektivem in der Gesetzeserkenntnis genauer auszuarbeiten. In der Diskussion findet man oft zwei extreme Standpunkte. Erstens wird der besondere Charakter der sozialistischen Gesellschaftsformation dadurch hervorgehoben, daß auch von der Änderung der Objektivität gesellschaftlicher Gesetze gesprochen wird und die bewußte Gestaltung unserer gesellschaftlichen Verhältnisse in den Vordergrund gestellt wird. Das führte in der Vergangenheit manchmal zur Unterschätzung ökonomischer Gesetze. Es setzte sich auch fort in der Nichtbeachtung juristischer Gesetze, die als Ausdruck objektiver Beziehungen menschlichen Verhaltens in der Volkswirtschaft gelten. Diese Gesetze werden nicht als

Ausdruck objektiver Beziehungen angesehen, sondern als durch bewußtes Handeln ersetzbar. Dem leistete die starke Trennung von objektiven Gesetzen der Natur und Gesellschaft und den juristischen Gesetzen Vorschub. Zweifellos gibt es zwischen beiden Gesetzesarten einen Unterschied. Aber die Degradierung juristischer Gesetze zu rein subjektiven Überlegungen führte zu einer Mißachtung ihrer Vermittlung mit den objektiven Gesetzen der Gesellschaft. Das war zugleich eine falsche Interpretation der philosophischen Beziehung zwischen Subjektivem und Objektivem. Es sollte deshalb vor allem die Vermittlung zwischen objektiven Gesetzen, den sich daraus ergebenden Normen menschlichen Verhaltens und der Fixierung dieser Normen in juristischen Gesetzen philosophisch untersucht werden, um gegen einseitige Darstellungen argumentieren zu können. Erst wenn das juristische Gesetz die Einheit von objektiven Gesetzen, den daraus folgenden Normen und den subjektiven Entscheidungen aus möglichen Varianten vermittelt, dient es zugleich als Regulator menschlichen Verhaltens: Auch werden schon vorhandene Verhaltensweisen stabilisiert, gefördert, ja letzten Endes erzwungen. Solch eine Behandlung des Problems hebt die Trennung von Subjektivem und Objektivem nicht auf, doch wird sie in ihrer Realität gezeigt. Relativieren bedeutet jedoch nur eine Vorstufe zur Aufdeckung der wirklichen Dialektik, deshalb ist es notwendig, die inneren Beziehungen zwischen objektiven Gesetzen, Normen. und juristischen Gesetzen zu finden.

Dabei kann man schon zwischen zwei Arten der juristischen Normen unterscheiden. Erstens können sie Ausdruck des durch objektive Gesetze bestimmten objektiven gesellschaftlichen Verhaltens sein. Solche Normen müssen dem Gesetz entsprechen und sind nicht durch andere Normen ersetzbar. Zweitens können Normen auch den Charakter von Spielregeln haben. Sie können durch andere ersetzt werden, wenn sie sich als nicht zweckmäßig erweisen. So kann der Linksverkehr in einigen Staaten, weil er sich als nicht zweckmäßig erweist, durch eine neue Straßenverkehrsordnung, die den Rechtsverkehr vorschreibt, ersetzt werden.

Wichtiger sind in unserer Betrachtung die Normen erster Art. Mit ihnen können beispielsweise die Beziehungen zwischen verschiedenen Betrieben einer VVB nur richtig geregelt werden, wenn die Normen den ökonomischen Gesetzen entsprechen. Das im Gesetzeswerk enthaltene juristische Gesetz ist dann die Einheit von juristischer Norm, die den ökonomischen Gesetzen entspricht und subjektiver Entscheidung, die aus den möglichen Normen eine als optimal auswählt. Über diese Frage nach dem Verhältnis von Norm und Gesetz muß sicher noch viel diskutiert werden, da sie in der Theorie vom Gesetz noch keine befriedigende Antwort gefunden hat.

Oft wird versucht, alle Erscheinungen und Prozesse in solche Bestandteile zu zerlegen, die durch objektive Gesetze in ihrem Verhalten bestimmt sind. Das ist eine Neuauflage des mechanischen Determinismus. Während der mechanische Determinismus Laplacescher Prägung davon ausging, daß alle Systeme aus Elementarreaktionen bestehen, deren Ablauf kausal bestimmt und deshalb exakt voraussagbar ist, wird heute die Rückführbarkeit der menschlichen Handlungen in allen ihren Momenten und Aspekten auf Gesetze behauptet. Daraus resultiert die Auffassung, daß die Aufstellung von Varianten für gesellschaftliche Teilsysteme und ihre Entwicklung nur Ausdruck unserer Unkenntnis der objektiven Gesetze sei. Hier wird auf neue Art der objektive Zufall geleugnet. Der Zufall als Erscheinungsform der Notwendigkeit wird zwar anerkannt, aber immer die Notwendigkeit hinter dem Zufall gesucht. Um sich mit dieser Meinung auseinandersetzen zu können, ist die Betrachtung des Verhältnisses von Gesetz und Zufall erforderlich, die wir an anderer Stelle durchgeführt haben.[8] Hier sei nur soviel gesagt, daß es verschiedene Arten des Zufalls in Abhängigkeit von den verschiedenen Typen des Gesetzes gibt. Der Zufall ist ein Zusammenhang zwischen zwei oder mehreren Ereignissen oder Seiten eines Ereignisses, die sich nicht gegenseitig begründen und nicht mit Unausweichlichkeit zusammengehören. Dabei kann der Zusammenhang unerkannt oder unwesentlich sein, er kann aber auch für das Verhalten eines Systems wesentlich sein. Denken wir nur an die für das Verhalten des menschlichen Organismus wesentliche, aber zufällige Einnahme von Gift. Das wäre für das Verhalten des Organismus als System ein äußerer wesentlicher Zufall. Wir kennen auch unwesentliche äußere Zufälle sowie eine Differenzierung der inneren Zufälle. Wichtig für die Beherrschung des Geschehens ist die Frage, ob wir den Zufall als zufällige Verwirklichung einer der im statistischen Gesetz gegebenen Möglichkeiten erfassen können, für den möglicherweise sogar eine Wahrscheinlichkeit existiert. Nicht die Existenz des Zufalls begründet die Freiheit des Menschen. Die Erweiterung seiner Freiheit, seiner Unabhängigkeit von den Natur- und objektiven gesellschaftlichen Mächten hängt von der Einsicht in die Gesetze ab, die es ihm auch gestatten, den Zufall entweder zu beherrschen oder ihn als unwesentlich zu erkennen. Dadurch, daß nicht alle Ereignisse von *einem* Gesetz in ihrer Struktur bestimmt sind, sondern ein System von Gesetzen existiert, das als hierarchisch verbundene Gesamtheit den Verlauf eines Prozesses reguliert, ergeben sich verschiedene Möglichkeiten des Verhaltens, die alle objektiv sind, aber nicht die gleiche Wahrscheinlichkeit haben müssen. Menschliche Freiheit besteht in der Varianten-

[8] Vgl. DZfPh, H. 3/1968.

wahl. Der Mensch beherrscht aber erst dann das objektive Geschehen, wenn er die sich aus dem System der Gesetze ergebenden Varianten exakt analysiert hat, die Bedingungen ihrer Verwirklichung und ihre Konsequenzen kennt. Das wird immer nur in den wesentlichen Komponenten möglich sein, aber das reicht aus, um wissenschaftlich begründete Entscheidungen zu treffen. Die Wissenschaft kann mit der Aufdeckung der Gesetze die Entscheidungen nicht ersetzen. Selbstverständlich sind für wissenschaftlich begründete Entscheidungen gesellschaftliche Verhältnisse erforderlich, die keine Schranken für die Verwirklichung dieser Entscheidungen aufbauen, wie das in der Klassengesellschaft der Fall ist.

Leider wird im Lehrbuch der marxistischen Philosophie nur zwischen äußeren und inneren Zufällen differenziert. Zwei Aussagen über den Zufall sind besonders problematisch. Es wird erstens behauptet: „Auch Zufälle haben eine Ursache.“[9] Die Ursache ist ein Prozeß, der eine Wirkung hervorbringt, so müßte es für ein zufälliges Ereignis einen solchen Prozeß geben, der dieses Ereignis hervorbringt. Wir wissen aber, daß der objektive Zusammenhang zwischen Ereignissen komplizierter ist, als daß er durch Ursache-Wirkungs-Verhältnisse allein erfaßt werden könnte. Es gibt Formen des Zusammenhangs, die auf der Grundlage von Kausalbeziehungen existieren, aber nicht selbst als Kausalbeziehungen betrachtet werden können, wenn man nicht die Wissenschaft falsch orientieren will. Da es nach der im Lehrbuch vertretenen Auffassung auch Kausalgesetze gibt, wäre die Behauptung von der Existenz des Zufalls zugleich mit der Forderung nach der Aufdeckung des zugrunde liegenden Kausalgesetzes zu verbinden. Die Annahme eines Gesetzes für zufälliges Verhalten wäre jedoch mechanischer Determinismus. Der Grund für das Auftreten zufälliger Ereignisse liegt vielmehr in dem charakterisierten System der Gesetze, wobei ein bestimmtes zufälliges Ereignis die Verwirklichung einer der Möglichkeiten darstellt, die durch das System determiniert sind. Nicht das Suchen der Ursachen eines Zufalls hilft uns weiter, sondern die Erforschung des Verhältnisses von Gesetz und Zufall. Hier liegt die große Bedeutung für die Erkenntnis von Gesetzen in der Geschichte der gesellschaftlichen Entwicklung. Jedes geschichtliche Ereignis ist ein Komplex von Prozessen verschiedener Bewegungsformen, dessen Verhalten durch Gesetze verschiedenen Niveaus bestimmt ist. Es wäre sicher verkehrt, wollte man in der Geschichte der Menschheit einen vorher bestimmten automatischen Ablauf sehen, der auf ein Ziel gerichtet ist. Das würde der Leugnung des objektiven Zufalls entsprechen und die objektiv in jeder Etappe geschichtlicher Entwicklung vorhandenen verschiedenen Möglichkeiten, von denen eine im

9 Marxistische Philosophie. Lehrbuch, S. 275.

historischen Prozeß durch die Aktion der Menschen verwirklicht wird, wären aus der Betrachtung ausgeschaltet. Die allgemeinen Gesetze der Gesellschaft, wie das von den Produktionsverhältnissen, die dem Charakter der Produktivkräfte entsprechen müssen, um den gesellschaftlichen Fortschritt zu ermöglichen, lassen in jeder Etappe verschiedene mögliche Produktionsverhältnisse zu, geben jedoch zugleich eine Tendenz der gesellschaftlichen Entwicklung an, die von der Urgesellschaft über die Klassengesellschaft zur klassenlosen Gesellschaft führt. Wie dieser Prozeß sich im einzelnen und in jedem Land vollzieht, ist abhängig von den inneren und äußeren Bedingungen und unterliegt selbst wieder spezifischen objektiven Gesetzen. Jedoch bringt uns nicht nur das menschliche Handeln gepaart mit subjektiven Entscheidungen ein Möglichkeitsfeld, aus dem eine Möglichkeit verwirklicht wird, sondern auch die objektiven Gesetze geben nur einen Rahmen für den geschichtlichen Prozeß, der verschiedene Möglichkeiten zuläßt. Welche davon verwirklicht wird, hat in bezug auf das allgemeine Gesetz zufälligen Charakter. Es handelt sich aber dabei um den im statistischen Gesetz enthaltenen Zufall, während der Zufall als Erscheinungsform der Notwendigkeit den geschichtlichen Prozeß durch den Charakter der Persönlichkeiten, der Massenbewegungen usw., die an ihm beteiligt sind, hemmt oder fördert. Eine Untersuchung der verschiedenen Formen des Zufalls in der Geschichte steht noch aus.

Ebenso würde uns die Leugnung objektiver Gesetze der gesellschaftlichen Entwicklung, die die Tendenz dieser Entwicklung bestimmen, ebenfalls zu keinem Verständnis der wirklichen Geschichte führen. Danach wären alles zufällige, nicht wiederholbare Einzelereignisse. Sicher ist es schwer, in der Geschichte zu bestimmen, was Wiederholbarkeit heißt. Wir hatten deshalb schon zwischen zwei Arten der Notwendigkeit unterschieden. Kein Ereignis wiederholt sich in allen seinen Seiten, Aspekten usw. mit einfacher direkter Notwendigkeit, d. h. auf Grund der Gesamtheit der Bedingungen bestimmt. Von dieser Notwendigkeit des Eintretens von Ereignissen kann man überhaupt nur sprechen, wenn so ein Ereignis schon eingetreten ist, denn die Gesamtheit der Bedingungen kann nicht analysiert werden. Deshalb heben wir in einem Ereignis seine wesentlichen, d. h. seinen Charakter bestimmenden Seiten, hervor; untersuchen, welche Möglichkeiten für andere Ereignisse noch bestanden haben und warum diese bestimmte Möglichkeit in ihren wesentlichen Seiten verwirklicht wurde. So verfahren wir beispielsweise auch bei der Erforschung von Kriegsursachen. Wir erfahren dabei erstens allgemeine Gründe für die Entstehung von Kriegen in bestimmten Gesellschaftsformationen, die wir in Gesetzen erfassen. Zweitens ergeben sich aus diesen Gesetzen verschiedene miteinander zusammenhängende

Möglichkeiten, zu denen die Art des Krieges oder auch die Verhinderung des Krieges gehören kann. Drittens werden die wesentlichen Bedingungen aufgedeckt, die zu diesem bestimmten Krieg geführt haben. Viertens können dann sogar noch die zufälligen Ereignisse untersucht werden, die für den Verlauf des Krieges wesentlich waren.

Schon diese einfache Aufzählung zeigt, daß die Gegenüberstellung von gesellschaftlichem Gesetz und historischem Ereignis nicht ausreicht. Die Gesetzeserkenntnis muß die verschiedenen Zwischenglieder finden, die Gesetz und Ereignis über die Möglichkeitsfelder und Bedingungen miteinander verbinden. Die gesellschaftlichen Gesetze enthalten die Momente historischer Ereignisse, die wiederholbar sind, wie etwa die gleichen Produktionsverhältnisse in verschiedenen Ländern auftreten können und damit die Zugehörigkeit zu einer Gesellschaftsformation nachgewiesen werden kann. Wesentlich ist für die Geschichte der Gesellschaft die Entwicklung, d. h. das Auftreten höherer Qualitäten, die nur in einigen Seiten mit dem vorhergehenden Entwicklungsstadium vergleichbar sind. Dazu müßte vor allem die dialektisch-materialistische Entwicklungstheorie und das Gesetz der Negation der Negation berücksichtigt werden, was hier nicht weiter untersucht werden kann. Mit Hilfe dieser Theorie müßte das Kriterium der Wiederholbarkeit für die Geschichte präzisiert werden, da Entwicklungsgesetze eine Einheit von wiederholbaren und nichtwiederholbaren, von übereinstimmenden und nichtübereinstimmenden Seiten der Ereignisse ausdrücken. Wir sehen, daß das Verhältnis von Gesetz und Zufall komplizierter ist, als es im Lehrbuch mit der These zum Ausdruck gebracht wird: „Auch Zufälle haben eine Ursache."

Nicht die Verursachung des Zufalls ist wesentlich, sondern seine Beziehung zum Gesetz. Auch die Behauptung, daß „der Zufall als das die Oberfläche der Erscheinungen Beherrschende der Ausgangspunkt für die Erkenntnis der Notwendigkeit ist", vereinfacht das Verhältnis von Gesetz und Zufall.[10] Hier wird nur von dem Zufall gesprochen, der eine uns noch unbekannte möglicherweise allgemein-notwendige Beziehung darstellt. Für uns ist jedoch auch die zufällige Verwirklichung einer Möglichkeit aus der Reihe der im statistischen Gesetz enthaltenen Möglichkeiten wichtig. Darüber wird jedoch nichts gesagt. Sie gehört aber zum Wesen gesetzmäßiger Prozesse und zeigt uns die Dialektik von Notwendigkeit und Zufall im Gesetz selbst.

Es geht uns also bei der Entwicklung der marxistischen Philosophie um die Aufhebung der absoluten Trennung zwischen objektiven Gesetzen und menschlichem Verhalten nicht durch Proklamation, sondern durch die

[10] Ebenda, S. 277.

Erforschung der dialektischen Beziehungen zwischen Objektivem und Subjektivem in der Beziehung auf die Gesetzeserkenntnis sowie der Bindeglieder zwischen objektivem Gesetz, Norm des Verhaltens und juristischem Gesetz.

Dabei ist für die Geschichte vor allem das Verhältnis von Entwicklungsgesetzen, Gesetzen einer Entwicklungsetappe und Zufällen wichtig. Ebenso wie dieses Verhältnis noch ungenügend erforscht ist, wissen wir auch noch zu wenig über das juristische Gesetz. Man kann darunter die im Gesetzeswerk formulierte Norm des Verhaltens verstehen, die entweder eine Konvention zur Regelung menschlichen Zusammenlebens oder ein objektiver Maßstab des Verhaltens auf der Grundlage objektiver Gesetze sein kann. Man könnte aber auch nach den Gesetzen fragen, die in Ereignissen existieren, die Gegenstand der Rechtswissenschaft, beispielsweise des Straf-, Arbeits- oder Völkerrechts, sind. Auch solche Ereignisse haben komplexen Charakter und sind durch Gesetze der Ökonomie, der Natur, der Politik, der Psychologie, der Geschichte usw. in ihrem Verhalten bestimmt. Gibt es daneben noch juristische Gesetze oder sind diese nur die Summe der anderen Gesetze? Philosophische Argumente für die Existenz spezifischer juristischer Gesetze lassen sich aus der Analyse des Verhältnisses von Systemen und Teilsystemen ableiten. Es gibt in der Gesellschaft keine einfache Untergliederung des gesellschaftlichen Systems in Teilsysteme bis zu den Elementen, den einzelnen Menschen. Verschiedene Systeme durchdringen sich teilweise oder ganz. Für alle diese Systeme, soweit sie menschliches Handeln von gesellschaftlicher Bedeutung betreffen, existieren Rechtsnormen. Um jedoch Normen zu bekommen, die den gesellschaftlichen Fortschritt regulieren, sind die Systemgesetze zu finden. Die wirksame Bekämpfung der Kriminalität verlangt beispielsweise die Aufdeckung der Gründe für die Kriminalität, die in juristischen Gesetzen fixiert werden können. Die Gesetze sind Systemgesetze für ein Teilsystem der Gesellschaft, bestehend aus den Handlungen der Menschen, die straffällig geworden sind. Dabei muß die Verflechtung dieses Teilsystems mit anderen für die Gesellschaft wesentlichen Teilsystemen berücksichtigt werden. In die Beziehungen dieses Teilsystems gehen nur die ökonomischen, gesellschaftlichen, politischen usw. Gesetze ein, sind aber nicht die das Verhalten dieses Teilsystem regulierenden Gesetze, sondern ihnen teils übergeordnet, wie die allgemein-gesellschaftlichen, die ökonomischen, politischen, usw., oder untergeordnet, wie beispielsweise die psychologischen und die Naturgesetze. Die Rechtswissenschaft muß diesen Komplex von Gesetzen berücksichtigen, aber ihre spezifischen Gesetze formulieren, die das Verhalten der von ihr betrachteten spezifischen Systeme bestimmen und die Grundlage der Rechtsnormen bilden. In dieser Richtung müßte die Gemeinschaftsarbeit von Philosophen und Rechtswissenschaftlern einen Beitrag zur marxistischen Gesetzestheorie leisten, um den Platz juristischer Gesetze in dieser Theorie zu klären.

Wir haben uns jetzt vor allem mit gesellschaftlichen Gesetzen befaßt, um ihr Verhältnis zu den menschlichen Handlungen zu klären und dabei ihren objektiven Charakter herauszuarbeiten. Wie erfassen wir aber den rationellen Kern der Behauptung, daß die Naturgesetze unabhängig von menschlichen Handlungen existieren, während die gesellschaftlichen Gesetze nur durch menschliche Handlungen existieren können? Darauf wollen wir im folgenden Abschnitt kurz eingehen, um die Frage zu beantworten: In welchem System existieren objektive Gesetze?

2.2. System und objektives Gesetz

Wir hatten das Gesetz als einen allgemein-notwendigen und wesentlichen Zusammenhang zwischen Objekten und Prozessen gefaßt, der die Struktur und das Verhalten von Systemen in seinen reproduzierbaren und den Charakter dieses Systems bestimmenden Seiten bedingt. Wenn wir deshalb nach dem objektiven Charakter der Gesetze fragen, kann sich das sowohl auf die Elemente des Systems, auf seine Beziehungen, auf die Existenz menschlichen Handelns als äußerer oder innerer Bestandteil des Systems und auf das Gesetz selbst beziehen. Versuchen wir deshalb einmal eine Reihe von Systemen und den Charakter der Systemgesetze zu betrachten. Wir werden auf viele ungelöste Fragen stoßen. Erstens können wir materielle Systeme nehmen, die aus materiellen Elementen und materiellen Beziehungen bestehen. Ein solches System sind die Sonne oder ferne Milchstraßensysteme, auf die wir bisher nicht einwirken können, aber die wir beobachten, um bestimmte Regelmäßigkeiten festzustellen. Dabei fehlt uns das Kriterium der Praxis, um viele Aussagen über eventuell existierende Gesetze zu verifizieren. Hier erwarten wir direkt die Möglichkeit menschlichen Eingreifens, um die bisher aufgestellten Gesetze überprüfen und neue Gesetze finden zu können.

Zweitens gibt es materielle Systeme mit materiellen Elementen und materiellen Beziehungen, deren Verhalten wir durch Experimente modifizieren, um aus verschiedenen Verhaltensweisen auf die Invarianten schließen zu können, die in jeder Modifikation auftreten. So experimentierte schon Galilei mit der schiefen Ebene und dem frei fallenden Stein und stellte dabei allgemeine Beziehungen fest, die er in den Bewegungsgesetzen festhielt. In der modernen Physik ist die experimentelle Situation ungleich komplizierter, aber in bezug auf unsere Problematik handelt es sich auch um die Modifikation von materiellen Systemen, jedoch nicht mehr nur ihrer Ortsveränderung, sondern auch ihrer Struktur mittels komplizierter Geräte. Die Untersuchungen der modernen Physik brachten uns zu einem neuen Typ des Gesetzes, eben zum statistischen Gesetz, das nicht auf dynamische Gesetze reduzierbar ist. Hier ist der objektive Charakter des Gesetzes in der *Invarianz gegenüber menschlichem Verhalten* begründet. Der einzelne Prozeß unterliegt im Experiment der Analyse, aber die in der Theorie vorgenommene Synthese stellt eine praktisch überprüfbare Widerspiegelung der Einheit objektiver Gesetze dar.[11]

Drittens gibt es vom Menschen geschaffene Objekte wie Kunststoffe, Maschinen, Automaten usw., deren Beziehungen vom Menschen hergestellt wurden, indem er Naturgesetze ausnutzte. Nachdem sie einmal geschaffen sind, haben sie den Charakter materieller Systeme, die außerhalb und unabhängig vom menschlichen Bewußtsein bestimmten Gesetzen gehorchen. Hier haben wir objektive Gesetze vor uns, die invariant gegenüber menschlichem Verhalten sind, sobald die Systeme existieren. Der die Maschine bedienende Mensch ist selbst nur ein Teil des Systems der den objektiven Gesetzen in seinem Verhalten unterworfen ist.

Viertens haben wir jedoch auch Systeme, in denen die Menschen selbst die Elemente sind und ihre Beziehungen gestalten. Es ist das Verdienst von Marx, nachgewiesen zu haben, daß in diesen Systemen ebenfalls allgemein-notwendige und wesentliche Beziehungen existieren, die objektiven Charakter haben. Hier bedeutet objektiv nichts anderes als *invariant im menschlichen Handeln* zu sein. Engels schrieb dazu: Die Geschichte macht sich so, „daß das Endresultat stets aus den Konflikten vieler Einzelwillen hervorgeht, wovon jeder wieder durch eine Menge besonderer Lebensbedingungen zu dem gemacht wird, was er ist; es sind also unzählige einander durchkreuzende Kräfte, eine unendliche Gruppe von Kräfteparallelogrammen, daraus eine Resultante – das geschichtliche Ergebnis – hervorgeht, die selbst wieder als Produkt einer, als Ganzes, bewußtlos und willenlos wirkenden Macht angesehen werden kann."[12] Die objektiven gesellschaftlichen Gesetze bestimmen die Entwicklung der Gesellschaft als Ganzes und bestimmter Gesellschaftsformationen nicht unabhängig vom Handeln der Menschen, sondern durch dieses Handeln. Das Besondere am gesellschaftlichen System besteht darin, daß das menschliche Handeln nicht mehr die Systembeziehungen modifiziert, sondern selbst die Systembeziehungen darstellt. Insofern sind die Systemgesetze zwar invariant gegen Einzel-

[11] Diese Problematik wird behandelt in H. Hörz, Werner Heisenberg und die Philosophie, Berlin 1966, S. 88ff.

[12] K. Marx/F. Engels, Ausgewählte Briefe, Berlin 1953, S. 503.

und Gruppenverhalten, es besteht aber die Möglichkeit, durch Revolution, d. h. auf die Veränderung der bestehenden Struktur gerichtetes Handeln, die Systembeziehungen gesetzmäßig so zu verändern, daß neue Systemgesetze existieren. Dabei wird auch der Unterschied zwischen der vorsozialistischen und der sozialistischen Gesellschaftsordnung wesentlich. Im Sozialismus kann der Gesamtwillen nach einem Gesamtplan auf ein Gesamtziel gerichtet werden, offensichtlich aber nicht unabhängig von den objektiven Gesetzen des Gesamtsystems. Hier muß jedoch schon die Dialektik zwischen Subjektivem und Objektivem und die Graduierung der Gesetze nach ihrem Existenzbereich berücksichtigt werden.

Wir können jetzt nicht das Verhältnis von Systemen und Untersystemen im einzelnen verfolgen. Die für die ganze Gesellschaft geltenden Systemgesetze lassen Entscheidungen über verschiedene Varianten zur Entwicklung der Gesellschaft zu, sobald eine allgemeine Gesellschaftstheorie existiert, auf deren Grundlage die Gesellschaftsprognose ausgearbeitet wird und die Arbeiterklasse im Bündnis mit allen Werktätigen die Macht besitzt. Die auf der Grundlage dieser Entscheidungen durchgeführten Maßnahmen und eingeführten Normen des Verhaltens modifizieren das Verhalten der Untersysteme und geben einen objektiven Rahmen für dieses Verhalten. Wir haben es dabei fünftens mit einer neuen Gruppe von Systemen zu tun, mit den subjektiven Entscheidungen durch einzelne Menschen und Gruppen auf jeder Verantwortungsebene, von der Gesellschaft bis zur Familie. Dabei gibt es eine Vielzahl objektiver Gesetze, die von der Sozialpsychologie, der Mathematik, z. B. in der Entscheidungstheorie, der Operationsforschung, der Spieltheorie usw. untersucht werden. Es sind Systeme mit handelnden Menschen, die sich bewußt auf der Grundlage vorliegender Analysen entscheiden. Aber auch dafür gibt es bestimmte objektive, d. h. subjektunabhängige Gesetze. Hier ist vor allem das zu berücksichtigen, was wir über die gesellschaftlichen Gesetze gesagt haben. Es gibt keine ewigen Gesetze und Möglichkeitsfelder. In der gesellschaftlichen Entwicklung werden durch die ständigen Handlungen der Menschen, die notwendiger Bestandteil dieser Systeme sind, bestimmte Möglichkeiten verwirklicht, wodurch neue Möglichkeitsfelder entstehen.

Wenn wir von der Struktur dieser gesellschaftlichen Systeme sprechen, so ist deshalb stets die Veränderung als untrennbarer Bestandteil dieser Struktur zu betrachten. Die Struktur existiert nicht statisch, sondern als wesentlicher Aspekt in der Veränderung, der dabei gleichbleibt. Man muß also neben der Entstehung neuer Systeme auch die Veränderung bestehender Systeme und die Veränderung ihrer Elemente und Beziehungen bei gleichbleibender Struktur beachten.

Sechstens könnte man Systeme mit ideellen Objekten und ideellen Beziehungen betrachten, wie sie uns in der Logik, in Kunstsprachen, in weiten Teilen der Mathematik entgegentreten. Hier ist die Frage nach den objektiven Gesetzen schon schwieriger zu beantworten. Ich bin der Auffassung, auch in diesen Bereichen gibt es subjektunabhängige reproduzierbare und wesentliche Beziehungen, wenn man einerseits den Widerspiegelungscharakter ideeller Beziehungen berücksichtigt und andererseits die enge Wechselwirkung von gesellschaftlicher Tätigkeit und diesen Bereichen beachtet. Sicher ist das noch ein weites Feld philosophischer Forschung und die Frage nach den objektiven Gesetzen nicht einfach zu beantworten.

In den bisher betrachteten Systemen haben wir objektiv immer als invariant gegenüber menschlichen Handlungen oder in den menschlichen Handlungen betrachtet. Dabei gibt es für diese Invarianz in bezug auf das menschliche Handeln eine gewisse Graduierung. Objektive Gesetze in materiellen Systemen sind völlig subjektunabhängig, bedürfen jedoch für ihre Erkenntnis und Überprüfung des aktiven menschlichen Eingriffs in die materiellen Systeme. In den gesellschaftlichen Systemen existieren dagegen die Gesetze im Handeln der Menschen, wobei der Sozialismus die Möglichkeit zur bewußten Gestaltung der gesellschaftlichen Verhältnisse auf der Grundlage objektiver Gesetze durch Entscheidung über Varianten und die Schaffung neuer Systemstrukturen bietet, die neue Normen auf der Grundlage neuer objektiver Gesetze und neue juristische Gesetze mit sich bringen. Von der subjektunabhängigen Invarianz kommen wir zur Betrachtung der Invarianzen im subjektiven Handeln bis zur bewußten Gestaltung bestimmter Systemstrukturen, die neue Invarianzen aufweisen.[13]

Sicher kann vieles nur als Problemstellung aufgefaßt werden, aber der Zustand muß überwunden werden, wo die Gesetzesproblematik als im wesentlichen gelöst betrachtet wurde. Wir haben die Ergebnisse zusammengestellt und wollten an der Dialektik von Subjekt und Objekt bei der Gesetzeserkenntnis und der bewußten Gestaltung unserer Verhältnisse zeigen, wie einseitig manche unserer philosophischen Auffassungen noch sind. Zum Schluß soll deshalb ein Ausblick auf die Aufgaben einer Theorie vom objektiven Gesetz gegeben werden.

[13] In dem Artikel „Mensch und Wissenschaft" in: DZfPh, H. 7/1967 habe ich nur von Subjektunabhängigkeit geschrieben. Das reicht nicht aus. Besser ist es, von Invarianz gegenüber dem und im menschlichen Handeln zu sprechen.

3.0. Aufgaben einer marxistischen Theorie vom objektiven Gesetz

Ich möchte hier nur auf drei Aufgaben hinweisen, an deren Lösung bereits gearbeitet wird, die jedoch wesentlich für die Gesetzestheorie und ihre Anwendung in den Wissenschaften sind. Das ist die Ausarbeitung eines Systems der Gesetze, die logische Formulierung von Gesetzen und das Verhältnis von objektiven Gesetzen und Normen.

Die Ausarbeitung eines Systems der Gesetze ist vor allem mit einer zur Zeit noch fehlenden Typologie der Gesetze verbunden. Zwar sind einige Typen von Gesetzen, wie das Verhältnis von dynamischen und statistischen Gesetzen, schon genauer untersucht worden. Auch die Unterscheidung zwischen Struktur-, Bewegungs- und Entwicklungsgesetzen wird gemacht, obwohl diese Unterscheidung noch ungenügend ausgearbeitet ist. Noch schwieriger wird es, wenn man Arbeiten zum Verhältnis von Prinzipien, Axiomen, Regeln und Gesetzen sucht, die monographisch für bestimmte Wissenschaften Untersuchungen darüber anstellen. Aber alles das ist nur die Vorstufe für eine von der Philosophie auszuarbeitende Hierarchie verschiedener Typen von Gesetzen, die einander über- und untergeordnet sind. Das Streben bei der Gesetzeserkenntnis geht dahin, immer allgemeinere Gesetze zu formulieren, weil dadurch der Zusammenhang zwischen vorher getrennten Bereichen deutlich wird. So ist die Systemtheorie nicht nur für materielle, sondern auch für alle anderen Systeme anwendbar, was die Möglichkeiten zur heuristischen Übertragung von Erkenntnissen aus einem Bereich in den anderen gestattet. Sicher würde auch ein Gesetz, das nur einen Vorgang, wie beispielsweise einen Steinwurf, erklärt, uns nicht viel helfen, obwohl es sich dabei um einen reproduzierbaren und wesentlichen Zusammenhang handelt. Hier würde die Gesamterkenntnis notwendig zu einem Zusammenhang kommen müssen, der nicht nur für Steine, sondern für alle makrophysikalischen Objekte gilt. Wie schwierig das ist, zeigt die Elementarteilchentheorie, bei der Teiltheorien für stark, schwach und elektromagnetisch wechselwirkende Teilchen existieren, aber keine einheitliche Theorie der Elementarteilchen. Hier geht die Suche nach grundlegenden Gesetzen für das Elementarteilchenverhalten weiter. Eine allgemeine Theorie würde viele Einzelgesetze in ihrem inneren Zusammenhang zeigen. Deshalb geht die Gesetzeserkenntnis nicht auf einzelne Zusammenhänge aus, sondern auf den Aufbau einer Theorie. Das gilt beispielsweise auch für die Politische Ökonomie des Sozialismus, in der erste Versuche zu einer zusammenfassenden Darstellung der gefundenen Gesetze in einer Theorie gemacht werden. Die Philosophie muß solche Bestrebungen, den Zusammenhang der Gesetze untereinander aufzudecken, durch den Aufbau eines Systems der verschiedenen Gesetzestypen unterstützen.

Zur logischen Formulierung von Gesetzesaussagen gibt es schon eine Vielzahl von Arbeiten, ohne daß schon eine befriedigende Lösung gefunden worden wäre. So werden die Arbeiten von Russell und Reichenbach heute zu Recht kritisiert.[14] Es ist interessant, daß Sinowjew in seinen Arbeiten versucht, sowohl die raum-zeitlichen Beziehungen als auch die Bedingungen in die Gesetzesformulierung einzubeziehen.[15] Nach ihm gilt folgende Beziehung: $(x \rightarrow (Rx)\, y)/B$ x impliziert y in Abhängigkeit von den raumzeitlichen Beziehungen von x und den Bedingungen B. Wir wissen, in welche Nähe der Kausalbetrachtung uns die Verwendung der logischen Implikation führt. Wir haben großen Wert auf die Unterscheidung von Kausalität und Gesetz gelegt und die Schwierigkeiten gezeigt, die mit der Gesetzeserkenntnis verbunden sind. Auch Sinowjew weist auf die Probleme hin, die bei der logischen Formulierung des Gesetzes auftreten. Die genannte Beziehung drückt auch noch nicht das Gesetz, sondern die physische Folgebeziehung aus. Bemerkenswert ist jedoch die Einbeziehung von Größen, die nur durch Forschung in bestimmten Bereichen aufweisbar sind, wie die raum-zeitlichen Beziehungen von x. Früher wurden solche Größen in der Logik nicht benutzt. Sie entziehen sich meist einem allgemein formulierbaren Entscheidungskriterium. Interessant ist die Einbeziehung der Bedingungen. Zwar sind wir in der Analyse der verschiedenen Arten der Bedingungen bereits weiter, als es in der logischen Formulierung zum Ausdruck kommt. Aber das weist nur darauf hin, daß auch die Logik noch entwickelt werden muß, um solche philosophischen Termini wie den Gesetzesbegriff logisch exakt erfassen zu können. Entgegen der Meinung mancher Kollegen halte ich die Forschung auf diesem Gebiet der logischen Erfassung philosophischer Termini für außerordentlich wichtig. Ich bin nicht etwa überzeugt, daß die Philosophie voll in der Logik aufgehen könne, aber die Abspaltung moderner Wissenschaften aus der Philosophie ist bei weitem noch nicht abgeschlossen und die mögliche logische Formulierung philosophischer Termini würde die philosophische Forschung vorantreiben. Selbst der Nachweis von der Unmöglichkeit, philosophische Begriffe logisch zu fassen, würde uns weiterhelfen. Aber hier liegt ja eine noch zu bewältigende Aufgabe vor, deren Lösung der weiteren Forschung vorbehalten ist.

[14] Vgl. Probleme der Logik der wissenschaftlichen Erkenntnis, Moskau 1964, S. 23ff. (russ.).

[15] Ebenda, S. 87ff. (russ.).

Das Verhältnis von Gesetz und Norm hat nicht nur Bedeutung für die Rechtswissenschaften, sondern beispielsweise auch für die marxistische Ethik. Hier gibt es Versuche, die Logik auf die Ethik anzuwenden, die zur Begründung der Deontik geführt haben.[16] Jedoch auch dabei wird das, was wir über die logische Formulierung philosophischer Begriffe gesagt haben, wieder deutlich. Einerseits brauchen wir eine umfangreiche Forschung zu den noch ungelösten Problemen der Gesetzestheorie, zu denen auch das Verhältnis von Gesetz und Norm gehört. Andererseits muß auch die Logik noch entwickelt werden, um die komplizierten Beziehungen, die durch philosophische Analyse aufgedeckt wurden, fassen zu können. Sicher hätte auch die Klärung des Verhältnisses von Norm und objektivem Gesetz große Bedeutung für die Klärung des Platzes juristischer Gesetze in einer Gesetzestypologie. Auf jeden Fall sollte man die starre Trennung zwischen objektiven Gesetzen und juristischen Gesetzen durch die Aufdeckung ihrer Bindeglieder durchbrechen, von denen eines sicher die Norm ist.

Mit der Darlegung der Ergebnisse, Probleme und Aufgaben der Gesetzestheorie möchten wir zur Diskussion herausfordern, die notwendig ist, um die marxistische Philosophie weiterzuentwickeln.

Wir haben gesehen, wieviel ungelöste Probleme noch vorhanden sind. Ihre Lösung könnte erkenntnisfördernde Bedeutung für die Gesetzeserkenntnis in den einzelnen Wissenschaften haben. Die marxistische Philosophie hat auch hier die Aufgabe, neuen Denkweisen schneller zum Durchbruch zu verhelfen und mit alten Vorstellungen zu brechen. Das kann sie nur, wenn sie den wirklichen Erkenntnisprozess analysiert, wie er in jeder Wissenschaft vor sich geht. Nicht nur die Gegenüberstellung von Gesetz und Wirklichkeit ist dabei von Bedeutung. Neben der Aufdeckung von Bindegliedern zwischen Gesetz und wirklichem Ereignis, wie es die Möglichkeitsfelder, die menschlichen Handlungen und die Bedingungen darstellen, ist vor allem die Untersuchung der Gesetzeserkenntnis von Bedeutung. Vorhandene Gesetze müssen in eine Theorie eingebaut werden, damit ihr Zusammenhang mit anderen Gesetzen dieser Theorie deutlich wird. Sie müssen aber auch ständig mit der Wirklichkeit konfrontiert werden. Nur die Erforschung der objektiven Prozesse bestätigt uns die von uns formulierten Gesetze, widerlegt sie oder zeigt uns ihre notwendige Modifizierung.

Dabei unterscheidet sich die Forschungs- von der Darstellungsweise. In der Forschung muß ein ständiger Vergleich zwischen formuliertem Gesetz und objektivem Prozeß erfolgen. Gesetze werden hypothetisch formuliert, um sie zu überprüfen. Ihre spezifischen Wirkungsbedingungen nicht

[16] Vgl. F. Löser, Deontik, Berlin 1967.

nur erster, sondern auch zweiter und höherer Ordnung müssen ständig neu untersucht werden, um mögliche Modifikationen von Gesetzen vorzunehmen oder um Möglichkeitsfelder zu bestimmen. Dabei ist vor allem die Bedeutung der Gesetze für die Prognose zu erarbeiten, denn nur über die im Gesetz enthaltenen allgemein-notwendigen und wesentlichen Zusammenhänge können wir zu Aussagen über zukünftige Möglichkeitsfelder gelangen und die Bedingungen finden, die verwirklicht oder beseitigt werden müssen, damit eine bestimmte Möglichkeit verwirklicht wird.

In der Darstellung muß vor allem der Platz des einzelnen Gesetzes in einer Theorie bestimmt werden und die Verflechtung der Gesetze in dieser Theorie gezeigt werden. Dabei dient die Theorie zum Verständnis der Wirklichkeit und zu ihrer zielgerichteten und bewußten Veränderung. Der einzelne Prozeß ist nun nicht mehr Ausgangspunkt, wie bei der Forschung, sondern Exempel für die Gültigkeit der Theorie. Es wird in seiner neuen gesetzmäßigen Struktur und Veränderung gezeigt. Dabei sollte jedoch auch in der Darstellung nicht die Kompliziertheit der Gesetzeserkenntnis vergessen werden. Dazu ist es erforderlich, neben der Theorie die Methoden zu erläutern, die zur Erkenntnis der Gesetze genutzt wurden.

Der Gesetzesbegriff in der Philosophie und den Einzelwissenschaften

Herausgegeben von Dr. Günter Kröber

1969. Etwa 336 Seiten – 8° – Leinen etwa 18,50 M

Dieser Sammelband, in dem die Arbeiten international repräsentativer Autoren enthalten sind, informiert über den Stand der Diskussionen um die Ausarbeitung des Gesetzesbegriffs in Philosophie und Einzelwissenschaften. Sein besonderer Wert ergibt sich durch die Beiträge zu den Merkmalen des Gesetzes, zu Problemen der Formulierung wissenschaftlicher Gesetze, zu den verschiedenen Arten von Gesetzen und ihrer Klassifikation und durch Beiträge über das Gesetz im gesellschaftlichen Bereich. Der Sammelband ist in sich gegliedert in Arbeiten, die je einen Vertreter des objektiven Idealismus, des Neokantinismus und des Neopositivismus behandeln, in Beiträge zu theoretischen Grundfragen und in einen einzelwissenschaftlichen Teil, in dem von den naturwissenschaftlichen Gesetzen besonders die physikalischen behandelt werden. Das Werk wird abgerundet durch einen Artikel, der das System der ökonomischen Gesetze im Sozialismus zum Inhalt hat.

Bestellungen durch eine Buchhandlung erbeten

THEORIA CUM PRAXI

AKADEMIE-VERLAG · BERLIN

IN VORBEREITUNG

Naturphilosophie — von der Spekulation zur Wissenschaft

Herausgegeben von

Prof. Dr. Herbert Hörz / Dr. Rolf Löther / Dr. Siegfried Wollgast

1969. Etwa 448 Seiten – 8° – Leinen etwa 29,– M

Die Untersuchung philosophischer Probleme der Naturwissenschaft im Rahmen der marxistisch-leninistischen Philosophie und Methodologie ist in den Vordergrund gerückt. Während die Darlegungen zunächst primär der Auseinandersetzung mit bürgerlichen Auffassungen, der Propagierung marxistischer Grundgedanken und der Erörterung von philosophischen Problemen in den einzelnen Naturwissenschaften galten, so wird mit dem vorliegenden Sammelband die historische Komponente stärker in den Vordergrund gerückt.

Naturphilosophie hat gerade auch in Deutschland eine langwährende progressive Tradition. Auf sie soll hier verwiesen werden. Es gilt, progressive Richtungen und Persönlichkeiten im naturphilosophischen Denken der Vergangenheit gegenüber idealistisch-bürgerlichen Verfälschungen ins rechte Licht zu rücken und nachzuweisen, daß alles Fortschrittliche im menschlichen Denken der Vergangenheit – auch auf dem Gebiet der Naturphilosophie – logisch und historisch in den dialektischen Materialismus mündet.

Der Sammelband umfaßt 20 Aufsätze, eine Bibliographie des in der Deutschen Demokratischen Republik erschienenen Buchschrifttums zur Naturphilosophie sowie eine veranschaulichende Zeittabelle.

Die Arbeit ist in 4 Problemkreise untergliedert, in die die einzelnen Arbeiten eingruppiert werden:

1. Von der Naturphilosophie der Renaissance zum mechanischen Materialismus;
2. Naturphilosophie der Aufklärung und Romantik und ihre Überwindung;
3. Die Herausbildung der dialektisch-materialistischen Naturauffassung;
4. Marxismus-Leninismus, moderne Naturwissenschaft und spätbürgerliche Naturphilosophie.

Bestellungen durch eine Buchhandlung erbeten

AKADEMIE-VERLAG • BERLIN

Kolibri 360 GmbH
Ferdinand-Jühlke-Straße 7
99095 Erfurt, Deutschland
produktsicherheit@kolibri360.de